20 KLANGGESCHICHTEN

zum Nach- und Mitmachen

Musizieren ohne Noten und Vorkenntnisse
in der Grundschule

Verlag an der Ruhr

IMPRESSUM

Titel
20 Klanggeschichten zum Nach- und Mitmachen
Musizieren ohne Noten und Vorkenntnisse
in der Grundschule

Autor
Christian Kunkel

Umschlagmotiv
Vogel: © Guz Anna, Triangel: © Tombaky,
Musik-Illustration © Elena – alle Fotolia.com

Illustrationen
Norbert Höveler

Druck
Heenemann GmbH & Co. KG, Berlin, DE

Verlag an der Ruhr
Mülheim an der Ruhr
www.verlagruhr.de

Geeignet für Kinder von 6–10 Jahren

ISBN 978-3-8346-4147-2

INHALTSVERZEICHNIS

VORWORT (1/2)

Erst die passenden Geräusche und Musik machen eine Filmszene spannend, rührend oder lustig. Eine fröhliche Melodie und niemand bangt um das Leben eines Schwimmers, wenn eine graue Haiflosse das Wasser durchpflügt und dem Badestrand immer näher kommt. Die Klänge einer Klanggeschichte sind den Soundeffekten eines Films gleichbedeutend.

Eine Klanggeschichte ist ein **vorgetragener Text**, der bewusst **mit Tönen, Klängen und Geräuschen ausgestaltet** wird.
Um diese zu finden, braucht es **Fantasie**, **Kreativität** und natürlich **Experimentierfreude**. Die beigegebenen **Gestaltungsvorschläge** sind dabei in keiner Weise bindend. Sollte Ihre Schule also nicht über alle der vorgeschlagenen Instrumente verfügen, können Sie stets auch Alternativen verwenden (Körperinstrumente, Stimme, sonstige Materialien ...). Idealerweise geschieht die Wahl der Instrumente gemeinsam mit den Kindern.
Alle in diesem Buch vorgestellten Klanggeschichten sind zudem **ohne Noten- und sonstige Vorkenntnisse** umsetzbar. Sollten bei einer Klanggeschichte dennoch einmal Noten vorhanden sein, werden daher stets auch Alternativen für diejenigen aufgezeigt, die keine Noten lesen können.

Dass der Spaß am Musizieren durch das Experimentieren mit Klängen entdeckt und verstärkt wird, dass Kinder musikalische Parameter, wie Klangfarben, Klangdauer, Lautstärken, Tempo und Klangdichte, erleben und auch soziales Verhalten geschult wird (die Kinder müssen sich untereinander abstimmen, miteinander kommunizieren, Regeln beachten ...), sind tolle Nebeneffekte, die den Einsatz von Klanggeschichten im Unterricht unbedingt fordern.

PRAKTISCHE UMSETZUNG DER KLANGGESCHICHTEN

* Der umsichtige Umgang mit dem Instrumentarium sollte bei jedem Auspacken der Instrumente thematisiert werden.
* **Spielregeln festlegen:**
  - Ich spiele nur, wenn ich spielen soll!
  - Entweder spielen oder sprechen!
  - Wenn ein Instrument erklingt, haben die anderen Instrumente Pause!
  - Wenn wir gemeinsam spielen, spiele ich nur so laut, dass ich meine Mitspieler noch hören kann!
  - Gespielt wird nach Einsatzzeichen (Einsatz- und Auszeichen vereinbaren und praktisch ausprobieren).
* **Geschichte vorstellen:**
  Wenn die Geschichte vorgestellt wird, sollte Grundsätzliches beachtet werden:
  Der erste Kontakt ist entscheidend. Wenn ich den Text zu schnell und monoton vorstelle, muss ich mich nicht wundern, wenn die Motivation der Schüler*innen ebenfalls recht bescheiden ausfällt.
  Setzen Sie daher ausdrucksvolle Mimik, Gestik und Sprache ein.
* **Geschichte abschnittsweise erarbeiten:**
  Die Schlüsselwörter-Aktionen sind im Text fett gekennzeichnet. Durch Ausprobieren und Experimentieren werden sie gemeinsam in Klangaktionen umgesetzt.
* Es kann für eine erste Orientierung hilfreich sein, sich an den vorgeschlagenen Instrumenten zu orientieren.
  Diese finden Sie zu Anfang jeder Geschichte aufgelistet.

VORWORT (2/2)

Außerdem steht neben den fett gedruckten Schlüsselwörtern im Text jeweils ein passender Instrumente-Vorschlag.

* Regen Sie die Kinder immer auch zum Ausprobieren an, ohne selbst viel zu demonstrieren!
* Lassen Sie Zeit zum Experimentieren!
* Improvisation und unkonventionelles Spiel sind erwünscht, die Instrumente sollen aber nicht darunter leiden.
* Wenn sich stimmliche oder instrumentale Gemeinschaftsaktionen anbieten, dann sollen sie auch gemeinsam umgesetzt werden.
* **Geschichte komplett spielen:**
  Jemand (in der Regel die Lehrkraft, bei älteren Kindern evtl. auch ein*e Schüler*in) trägt den Text vor. An den vereinbarten Stellen werden die Klangaktionen durchgeführt. Der Gebrauch von Einsatz- und Auszeichen hat sich bewährt (eventuellen Instrumententausch einplanen).
* Das Erarbeitete können Sie schließlich mit der Klasse aufnehmen und anhören und/ oder in einem kleinen Vorspiel oder Konzert vor Publikum präsentieren.
* Planen Sie gemeinsames, gewissenhaftes Aufräumen der Instrumente ein!

HINWEISE ZU VERWENDETEN INSTRUMENTEN

Manche der vorgeschlagenen Instrumente können Sie leicht selbst herstellen. Im Folgenden finden Sie eine kurze Aufstellung zu diesen Instrumenten.

* **Guiro/Reco-reco:**
  Guiros kann man auf verschiedene Arten bauen. Wichtig ist, dass man mit einem Stock auf einer geriffelten Oberfläche entlangstreicht, z. B. auf einer Dose, einer Pfanne, einer Plastikflasche oder Bausteinen.
* **Gürtel:**
  Auch ein Gürtel kann als Instrument verwendet werden. Hierzu wird er doppelt gelegt, an den beiden Enden angefasst, zur Mitte hin gestaucht, sodass er sich nach vorn und hinten ausbeult, und dann schnell wieder auseinandergezogen. Das Ergebnis ist ein Geräusch, das an das Knallen einer Peitsche erinnert.
* **Kamm:**
  Ein einfach herzustellendes Musikinstrument entsteht aus einem Kamm und etwas Pergamentpapier („Butterbrotpapier"):
  Das Papier wird einmal gefaltet. Die Zinken des Kamms zeigen nach oben und das gefaltete Papier wird darüber gelegt. Fertig!
  Nun wird der Kamm an den Mund gehalten und es wird, während das Papier die Lippen berührt, gesungen oder gesummt. Ideal ist ein „Uuuhh"-Laut.
  Die Kinder können die Lautstärke, die Tonhöhe oder die Form der Lippen verändern, um unterschiedliche Ergebnisse zu erzielen.

1 DIE REISE IM HEIßLUFTBALLON

* 3 Klangbausteine c'' – a' – f'
* Rahmentrommeln, Congas[1], Bongos ...
* Becken, Zimbeln, Triangel ...
* Klanghölzer, Holzblocktrommeln

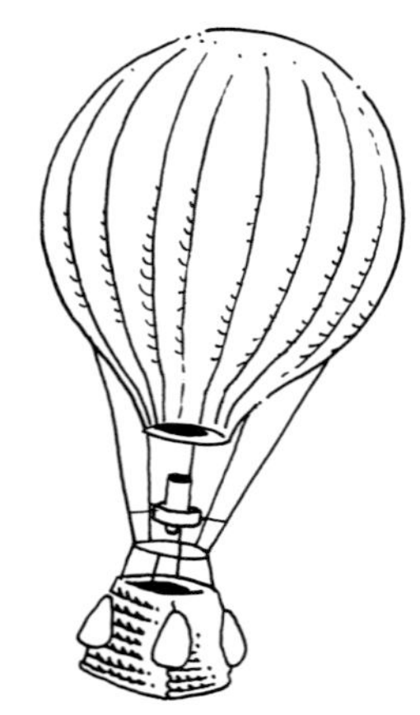

Felix hat in einem Preisausschreiben den 1. Preis gewonnen: eine Reise mit einem Heißluftballon. Heute ist es soweit. Felix, seine Schwester Lisa, seine Eltern und ein Mann von der Heißluftballonfirma klettern in die Ballongondel. Die Reise beginnt. Sie steigen höher und höher. Autos, Häuser, Menschen werden kleiner und kleiner. Die Welt unter Felix ist so winzig, dass er nicht erkennen kann, was dort liegt, aber ein günstiger Wind trägt ihm die Klänge seines Dorfes ans Ohr und er weiß genau, was sie gerade überfliegen.

Ding dong dang. Das war der Gong in Lisas Schule. Er zeigt an, dass alle Schüler ihre 1. Pause haben. **Ding dong dang.**

3 verschiedene Klangbausteine spielen z. B.: c'' – a' – f'

Jetzt fahren sie über das Haus von Onkel Paul. Er spielt die große Trommel im Blasorchester. Gerade eben übt er ein neues Musikstück – ungefähr so: **bum bum tschack, bum bum tschack.**

Rahmentrommeln, Congas, Bongos ...

Dong dong – das klingt nach der dicken Bertha, der großen Kirchturmglocke, die jede Stunde läutet. **Dong dong.**

Becken, Zimbeln, Triangel

Das muss die alte Fabrik sein. Auf dem hohen Schornstein hat ein Storchenpaar sein Nest gebaut. Ganz deutlich hört Felix, wie die beiden mit ihren **Schnäbeln klappern**.

Klanghölzer, Holzblocktrommeln ...

Manchmal macht der Wind eine Pause und dann ist es **ganz still**.

Pause machen, in der alles still ist

Aber es gibt auch Momente, da hört Felix alles auf einmal und das **ganz laut**.

alle Instrumente gleichzeitig

[1] Fasstrommel

2

DER WOLF UND DIE 7 RÄUBER (1/2)

- Cabasa[1], Guiro[2], Maracas[3] …
- trockenes Laub
- Schellenkranz
- Klanghölzer
- Gürtel
- Rahmentrommel

Einst lebten hinter den 7 Bergen nicht nur 7 Zwerge, sondern auch 7 Räuber. Der Anführer dieser Truppe war der gefürchtete „Schwarze Peter"! Den 2. Räuber kannte man als „Schnarchnase". Schnarchnase war immer müde. Wenn er nicht gerade **gähnte**,	*alle gähnen*
dann **schnarchte** er so laut, dass alle **Bäume erzitterten** und der Wald vom **Rascheln des Laubes** erfüllt war.	*Schnarchen, Cabasa, Guiro, Maracas, Stimme, Laub …*
Der 3. Räuber war „Siggi, die Elster". Siggi trug eine rote Räuberkappe mit 1 000 funkelnden und klingenden **Glöckchen** daran.	*Schellenkranz*
Der 4. Räuber hieß „Holzbeinrudi". Er hatte ein gelb geringeltes Holzbein, an dem sein Freund, der Buntspecht, ein lustiges **Lied klopfte**.	*Klanghölzer*
Der 5. Räuber nannte sich selbst „Musketenpaul". Er trug immer mindestens 7 Pistolen im Gurt, mit denen er eifrig **Schießen** übte.	*Gürtel*
Der 6. Räuber war „der Einäugige"! Er stolperte immer über seine eigenen Füße und fiel dann stets mit einem **lauten Krabumm** um.	*Rahmentrommel*
„Raffzahn", der 7. Räuber, baute gerade an einer **Katsching-kling-dong-tick-tack-krabumm**-Geld-her-oder-leben -Maschine.	*alle Instrumente gemeinsam*
Diese 7 Räuber hatten gehört, wie toll es die 7 Zwerge mit ihrer Prinzessin getroffen hatten. Nie mehr **kochen**,	*alle jubeln*

[1] Gefäßrassel mit Stahlkugelketten
[2] s. S. 5 bzgl. Herstellung
[3] Gefäßrassel mit körniger Füllung

DER WOLF UND DIE 7 RÄUBER (2/2)

nie mehr **putzen**	*alle jubeln (lauter)*
und nie mehr **Strümpfe stopfen**!	*alle jubeln (noch lauter)*
Die Räuber beschlossen, sich ebenfalls eine Prinzessin zu suchen. Gemeinsam machten Sie sich **auf den Weg**.	*alle stampfen*
Am Ende des Tages fanden sie ein kleines Häuschen. Ob sie hier ihre Prinzessin finden würden? Neugierig betraten sie das Haus. Doch was war das? Anstatt einer wunderschönen, lieblichen Prinzessin lag hier ein alter, grauer Wolf im Bett. Er hatte eine Haube auf dem Kopf, eine rote Kappe im Maul und **knurrte die 7 Räuber mit funkelnden Augen böse an**.	*alle knurren*
Hals über Kopf **flüchteten** die Räuber, **laut schreiend**, aus dem Haus.	*alle stampfen und schreien*
Zuerst der „Schwarze Peter," gefolgt von **„Schnarchnase"**, bei dem alle **Bäume erzitterten** und der Wald vom **Rascheln des Laubes** erfüllt war.	*Schnarchen, Cabasa, Guiro, Maracas, Stimme, Laub …*
Dann kam „Siggi, die Elster" mit der **roten Glöckchenkappe**.	*Schellenkranz*
Stolpernd suchte „Holzbeinrudi" mit dem **klopfenden Specht** sein Heil in der Flucht.	*Klanghölzer*
„Musketenpaul" suchte, **wild um sich schießend**, mit Riesenschritten das Weite.	*Gürtel*
„Der Einäugige" fiel beim Verlassen des Wolfshäuschens mit einem lauten **Krabumm** um.	*Rahmentrommel*
Und auch „Raffzahn" nahm, **lauthals schreiend**, Reißaus.	*alle schreien mit möglichst tiefer Stimme*
Glücklich und unversehrt erreichten die 7 Räuber ihre Höhle. Einstimmig beschlossen sie, dass sie auch ohne Prinzessin ganz gut zurechtkamen. Obwohl nun räubermüde – ins Bett gingen die 7 noch nicht. Mit großen Augen bestaunten sie die **Katsching-kling-dong-tick-tack-krabumm-**Geld-her-oder-leben-Maschine, die Raffzahn auf ihrer wilden Flucht fertiggebaut hatte.	*alle Instrumente (Klangaktionen) gemeinsam!*

DAS SUPERSCHWEIN (1/2)

- Guiro[1],
- Holzblock, Klanghölzer, Holzblocktrommel …
- Blockflöte
- Cowbell (Kuhglocke)

Vor vielen Jahren zog Franz, der Schweinehirt, jeden Morgen mit seiner Herde zum alten Wald am Biberdamm. Dort angekommen, durfte sich das versammelte Borstenvieh an Eicheln, Kastanien und Bucheckern laben.
Die besten Leckerbissen fanden sich unter der alten Zaubereiche. Natürlich blieb es nicht aus, dass die Hausschweine auf Wildschweine trafen. Regelmäßig gab es dann Streit um den beliebten Fressplatz. Kringel, das Hängebauchschwein von Franz, hatte unter allen Tieren den Ruf, sehr klug zu sein und für jedes Problem eine Lösung zu finden. Und tatsächlich hatte Kringel eine Idee, den Futterstreit ein für alle Mal zu lösen.

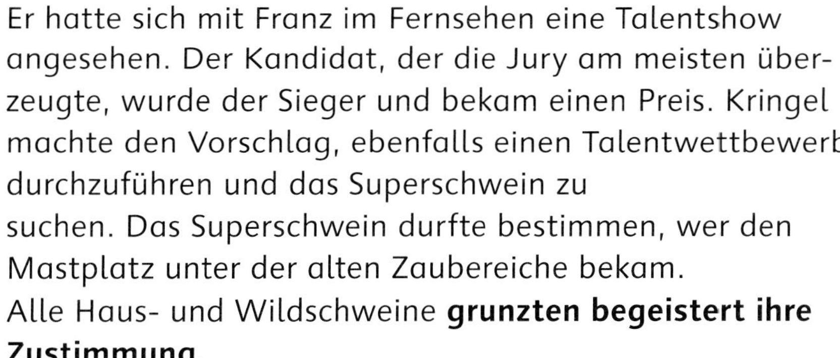

Er hatte sich mit Franz im Fernsehen eine Talentshow angesehen. Der Kandidat, der die Jury am meisten überzeugte, wurde der Sieger und bekam einen Preis. Kringel machte den Vorschlag, ebenfalls einen Talentwettbewerb durchzuführen und das Superschwein zu suchen. Das Superschwein durfte bestimmen, wer den Mastplatz unter der alten Zaubereiche bekam.
Alle Haus- und Wildschweine **grunzten begeistert ihre Zustimmung**.

alles grunzt – Guiro

Franz war die Jury und das Casting konnte beginnen. Wildschwein Borsti versuchte, **Tock den Specht** nachzumachen.

Holzblock, Klanghölzer …

Und wirklich, Borsti klang wie Tock, wenn dieser sich gerade in eine alte Kiefer ein neues Kinderzimmer **meißelte**.

Holzblock, Klanghölzer …

Applaus!

alle klatschen und johlen

Hausschwein Rosa konnte beim Tauchen die Augen öffnen und versuchte, Brünhild, die schwarz-weiß karierte Holsteiner Milchkuh, mit ihrer **Kuhglocke** nachzuahmen.

Cowbell/muhen

[1] s. S. 5 bzgl. Herstellung

3

DAS SUPERSCHWEIN (2/2)

Und tatsächlich, Rosa klang wie Brünhild, wenn diese mit ihrer **Glocke** nach dem Bauern rief, weil sie gemolken werden wollte.	*Cowbell/muhen*
Applaus!	*alle klatschen und johlen*
Wildschwein Schwarte behauptete: „Ich kann auf einen Baum klettern und **Kucki, den Kuckuck** imitieren".	*Kuckucksruf auf der Blockflöte c'' – a'*
Und wirklich, Schwarte klang wie Kucki, wenn dieser mit seinem **Ruf** den Frühling begrüßte.	*Kuckucksruf auf der Blockflöte c'' – a'*
Applaus!	*alle klatschen und johlen*
Hausschwein Orchidee konnte ein Gedicht aufsagen und versuchte, das **Schnarchen** von Bauer Lukas nachzuahmen.	*alles schnarcht – Guiro*
Und tatsächlich, Orchidee klang wie Bauer Lukas, wenn dieser nachts von seinem neuen Traktor **träumte**.	*alles schnarcht – Guiro*
Applaus!	*alle klatschen und johlen*
Franz ist von allen Vorträgen begeistert. Er kann sich nicht entscheiden. Kringel hat eine Idee: „Alle Haus- und Wildschweine waren saugut. Es wäre schade, wenn diese Talente vergeudet würden. Lasst uns ein Schweineorchester gründen und weltberühmt werden." Gesagt (gegrunzt) – getan. Die Schweine gründeten eine Band. Sie nannten sich „Wutz und die Saubande" und wurden mit ihren Schweinereien nicht welt-, aber immerhin doch waldberühmt. Streit um die Leckerbissen unter der Zaubereiche gab es auch keinen mehr und wenn die Schweine nicht gestorben sind – **dann rocken sie noch heute**.	*alle Instrumente*

4

Rittergeschichten (1/3)

* Trommel
* Triangel
* Becken
* Klanghölzer
* Handzimbeln

Es war einmal ein Ritter, der hatte drei Söhne, **eine prächtige Burg**,	*lauter Trommelwirbel, Triangel – Beckenwirbel/ gemeinsamer Abschlag*
eine wertvolle Rüstung	*lauter Trommelwirbel, Triangel – Beckenwirbel/ gemeinsamer Abschlag*
und **einen alten Geißbock.**	*vereinzelte, unrhythmische Trommelschläge mit abschließendem Ziegenmeckern*
Als der Ritter starb, teilten sich die Söhne das Erbe. Bisher hatten die Brüder friedlich beisammengelebt. Jetzt aber, da es auf Mein und Dein ankam, stritten sie sich und wurden recht unbrüderlich. Jeder wollte das Beste haben. Indessen einigten sich die beiden älteren Brüder. Der eine nahm sich die **Burg**	*lauter Trommelwirbel, Triangel – Beckenwirbel/ gemeinsamer Abschlag*
und der andere bekam die **wertvolle Rüstung aus rostfreiem Edelstahlblech**.	*lauter Trommelwirbel, Triangel – Beckenwirbel/ gemeinsamer Abschlag*
Für Michel, den jüngsten Bruder, blieb nur der **Geißbock** übrig.	*vereinzelte, unrhythmische Trommelschläge mit abschließendem Ziegenmeckern*
Die Brüder wurden zum König bestellt. Die Prinzessin sollte heiraten und alle Ritter des Landes hatten sich als Heiratskandidaten vorzustellen. Michel wollte der Prinzessin natürlich in seiner Festtagsrüstung seine Aufwartung machen. Er kramte in seiner Kleiderkiste und musste bestürzt feststellen: Die Rüstung ist nicht da! Langsam dämmerte es ihm wieder. Oje, die Arme hatte er im letzten Winter als Ofenrohr gebraucht und der Brustpanzer wurde als Ziegelersatz aufs Dach des Ziegenstalls **genagelt**.	*Klanghölzer*

RITTERGESCHICHTEN (2/3)

Er hatte keine Rüstung und war ohne Pferd. Das bedeutet, er war eigentlich gar kein richtiger Ritter. Aber Michel wäre nicht Michel, wenn er sich von solchen Kleinigkeiten entmutigen ließe, und er fasste einen Plan.

Ein Ritter braucht ein Pferd.
Ich bin der Michel – und will ein Ritter werden.
Hab ich einen Schimmel nicht – kann ich keiner werden.
Fang ich mir 'nen Geißbock ein,
reite über Stock und Stein.
Ich bin der Michel – **und will ein Ritter werden**.

Ziegengemecker und Hufgeklapper – Klanghölzer

Ein Ritter braucht einen Helm.
Ich bin der Michel – und will ein Ritter werden.
Hab ich einen Helm nicht – kann ich keiner werden.
Schmiede aus dem Suppentopf
einen Helm für meinen Kopf.
Ich bin der Michel – **und will ein Ritter werden**.

Triangel, Becken, Handzimbeln – klingenden Amboss imitieren

Ein Ritter braucht eine Lanze.
Ich bin der Michel – und will ein Ritter werden.
Hab ich eine Lanze nicht – kann ich keiner werden.
Nehm ich eine Bohnenstang,
säg sie ab, drei Meter lang.
Ich bin der Michel – **und will ein Ritter werden**.

geriffeltes Ende eines Schlägels/Kamms über Kante einer abgedämpften Handzimbel/eines Beckens/ der Trommel ziehen

Ein Ritter braucht einen Schild.
Ich bin der Michel – und will ein Ritter werden.
Hab ich einen Schild nicht – kann ich keiner werden.
Hämmre, schraub und säg wie wild,
die Saustalltür, sie wird mein Schild!
Ich bin der Michel – **und werd ein Ritter werden**.

alle Instrumente

Wir kürzen die Geschichte jetzt ein Stück ab. Wie ihr euch wohl alle denken könnt, verliebte sich Michel in die Prinzessin und auch der Prinzessin gefiel unser Michel ausnehmend gut. Der König löste sein Versprechen ein und Michel durfte die Prinzessin **heiraten**.

alle Instrumente, Jubel

RITTERGESCHICHTEN (3/3)

Die beiden älteren Brüder jedoch zerfraß der Neid. Wütend machten sie sich auf, um Michel die Hochzeitsfeier zu versauen. Doch kaum hatten sie den Burggraben überquert, gerieten sie mit ihren wertvollen Rüstungen in einen **Platzregen**	*Fingerkuppen tanzen auf dem Trommelfell/Fingernägel tanzen auf dem Becken*
und **rosteten sogleich ein**.	*Handzimbeln gegeneinanderreiben und dabei langsamer werden*
Noch heute stehen sie als Vogelscheuchen auf dem Rübenfeld vom Bauern Lukas. Michel und seine Prinzessin feierten ein rauschendes Fest und wenn sie nicht gestorben sind, **dann feiern sie noch heute**.	*alle Instrumente*

5 DER BESTOHLENE RÄUBER

- ✱ Triangel
- ✱ Holzblocktrommel, Klanghölzer, Holzblock …
- ✱ Schellenrassel
- ✱ Rahmentrommel

Natürlich kann auch eine ganz eigene Maschine kreiert werden.

So ein Mist! Räuber Hasenfuß ist seine goldene Ding-Tock-Schepper-Bumm-Maschine gestohlen worden. Ausgerechnet jetzt, wo die große Geburtstagsfeier von Räuberhauptmann Raffzahn bevorsteht und Hasenfuß für die musikalische Unterhaltung der Gäste ausgewählt wurde. Er hatte die Maschine am Abend an den Straßenrand gestellt, um sie am nächsten Morgen zum Festplatz zu bringen. Und jetzt ist sie weg – geklaut! So eine Blamage! Die Polizei sucht auf dem Dachboden, im Keller, im alten Schuppen – die Maschine bleibt verschwunden. Ludwig, der Sohn des Räuberhauptmanns, versteht gar nicht, warum die Erwachsenen so einen Aufstand machen. Er ruft seine Freunde aus der Räuber-Kita zusammen: „Wir brauchen nur ein ‚Ding', ein ‚Tock', ein ‚Schepper' und ein ‚Bumm' und schon ist das Problem gelöst."

Die Räuberkinder suchen ein „Ding" und finden **eine** …	*Triangel*
Klingt ja super! Die Räuberkinder suchen ein „Tock" und finden **eine** …	*Holzblocktrommel (Klanghölzer, Holzblock …)*
Klingt gut, kann man nehmen! Die Räuberkinder suchen ein „Schepper" und finden **eine** …	*Schellenrassel*
Klingt auch nicht schlecht! Die Räuberkinder suchen ein „Bumm" und finden **eine** …	*Rahmentrommel*
Das klingt ja toll! Die Nachwuchsräuber spielen **gemeinsam**	*alle Instrumente*
und alle Gäste sind sich einig: Das Räuberorchester klingt viel schöner als die Ding-Tock-Schepper-Bumm-Maschine. Die ist übrigens nach dem Fest wieder aufgetaucht. Die Männer von der Müllabfuhr hatten sie für Sperrmüll gehalten und **auf dem Recyclinghof entsorgt**.	*alle Instrumente*

DER EINSAME SCHNEEMANN (1/2)

* Schellenkranz
* Rahmentrommel
* Cabasa[1]
* Glockenspiel
* Guiro[2]

Vor etlichen Wochen hatten die Försterkinder auf der großen Lichtung des Eichenwaldes einen Schneemann gebaut. Zuerst kam noch ab und zu Familie Hase vorbei. Die Hasenkinder versuchten, an seiner Möhrennase zu knabbern. Aber sie war zu hoch. Sie schafften es nicht und gaben auf. Und seit dieser Zeit stand der Schneemann ganz allein im Wald herum und fühlte sich sehr einsam. Da kam der Nikolaus mit seinem **Glöckchenschlitten** daher. — *Schellenkranz*

„Hallo, Nikolaus!", rief der Schneemann freudig. „Schön, dich zu sehen. Was gibt es Neues in der Welt?" Der Nikolaus hatte es aber eilig. Knecht Ruprecht hatte einen schlimmen **Husten**. — *alle husten*

Der Nikolaus war auf dem Weg zur Waldapotheke, um eine Flasche Hustensaft zu besorgen. Er **fuhr davon** — *Schellenkranz*

und der Schneemann war wieder allein.
Da stampfte ein **Bär** daher. — *Rahmentrommel*

Der gefrorene Schnee **knirschte** unter seinen Tatzen. — *Cabasa*

„Hallo, Bär!", rief der Schneemann freudig. „Schön, dich zu sehen. Was gibt es Neues in der Welt?" Der Bär hatte es aber eilig. Er hatte über den Sommer hin ganz schön zugelegt und suchte jetzt nach einer neuen, größeren Höhle, um den Winter zu überstehen. Der Bär **stampfte durch den knirschenden Schnee davon** — *Rahmentrommel/Cabasa*

und der Schneemann war wieder allein.
Da kam die **Schneeflockenfee** dahergeschneit. — *Glockenspiel*

[1] Gefäßrassel mit Stahlkugelketten
[2] s. S. 5 bzgl. Herstellung

DER EINSAME SCHNEEMANN (2/2)

„Hallo, Schneeflockenfee!“, rief der Schneemann freudig. „Schön, dich zu sehen. Was gibt es Neues in der Welt?“ Die Schneeflockenfee hatte es aber eilig. Für den Nachmittag hatte sich die Waldfee zum Besuch angesagt und sie musste noch jede Menge leckere Nussecken backen. Leichten Fußes **sprang sie weiter** — *Glockenspiel*

und der Schneemann war wieder allein.
Da kamen **7 Zwerge vorbeimarschiert**. — *alle stampfen*

„Hallo, Zwerge!“, rief der Schneemann freudig. „Schön, euch zu sehen. Was gibt es Neues in der Welt?“ Die Zwerge hatten es aber eilig. Sie suchten nach heruntergebrochenen Ästen und umgestürzten Bäumen, die sie zersägen wollten. Sie brauchten Brennholz für den Winter, damit sie in ihrem Zwergenhaus nicht frieren mussten. Die Zwerge **marschierten weiter** — *alle stampfen*

und im ganzen Wald hörte man die Zwergensägen
ritsch-ratsch – ritsch-ratsch. — *Guiro/geriffeltes Schlägelende über eine Kante ziehen*

Der Schneemann war wieder allein und er weinte herzzerreißend Tränen, die in der kalten Nacht sofort zu Eis gefroren. Das hörten der Nikolaus, der Bär, die Schneeflockenfee und die sieben Zwerge und sie hatten Mitleid mit dem einsamen Schneemann. Gemeinsam **schafften sie die ganze Nacht hindurch** — *alle Instrumente*

und am nächsten Morgen war das Werk vollendet.
Als die Sonne die eisigen Tränen des Schneemanns wegschmolz, lachte ihn eine kugelrunde, wunderschöne Schneefrau an. Schneemann und Schneefrau konnten sich auf Anhieb gut leiden und lebten glücklich und zufrieden **bis zum nächsten Frühling**. — *alle Instrumente*

7

DER GERÄUSCHESAUGER (1/2)

* Glockenkranz
* Klangbausteine c' – fis'
* Holzblocktommel
* Klangfrosch, Klanghölzer ...
* Rahmentrommel, Regenmacher ...

In einem kleinen Dorf lebte der geniale Erfinder Professor Erwin Schussel. Professor Schussel wohnte gerne hier. Außer der guten Luft und den netten Menschen mochte er vor allem viele der Geräusche, die ihn hier umgaben:	
das **Läuten des Eisverkäufers** ...	*Glockenkranz*
die **Sirene der Feuerwehr**, wenn sie ausrückte, um wieder einmal seinen Kater Puck von einem Baum zu retten ...,	*Klangbausteine c' – fis'*
das **Froschkonzert** am Dorfteich ...,	*Klangfrosch/geriffelten Schlägelgriff über die Kante einer Holzblocktrommel ziehen*
das **Storchschnabelgeklapper** aus dem Nest am stillgelegten Fabrikschornstein ...,	*Klanghölzer ...*
das **Trommeln des Regens**, der nach einer langen Trockenheit alle Tiere und Pflanzen von ihrem Durst erlöste.	*mit den Fingerkuppen eine Rahmentrommel bespielen, Regenmacher ...*
Es gab aber auch Geräusche, die der Professor überhaupt nicht mochte. Dafür hatte er den Geräuschesauger erfunden. Professor Schussel benutzte ihn, um unangenehme Geräusche und Krach zu entfernen. Ganz schlimm waren für ihn:	
das **Summen der Mücken**, die seine Nachtruhe störten,	*Stimme entsetzt (alle): „Iiiih!"*
... Sauger an und **himmlische Ruhe**!	*Stimme entspannt (alle): „Aaaah!"*
Das **Pfeifen des Bohrers** beim Zahnarzt,	*Stimme (alle): „Iiiih!"*
... Sauger an und **himmlische Ruhe**!	*Stimme (alle): „Aaaah!"*

7 DER GERÄUSCHESAUGER (2/2)

Das Geräusch, das Lisa erzeugte, wenn sie mit ihren **Fingernägeln über die Schultafel kratzte**.

Stimme (alle): „Iiiih!"

... Sauger an und **himmlische Ruhe**!

Stimme (alle): „Aaaah!"

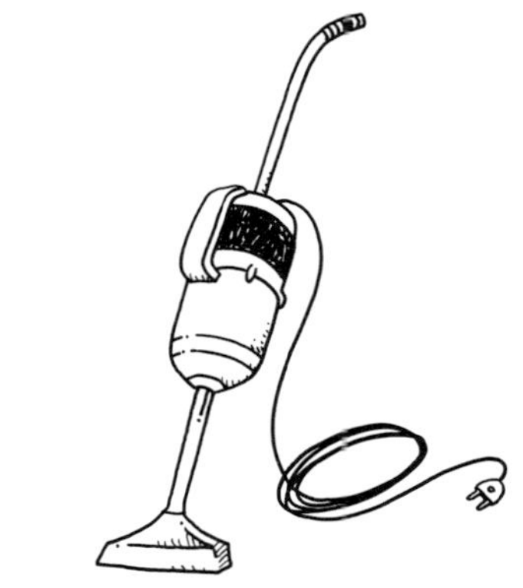

Doch eines Tages, als Professor Schussel für ein Wochenende einen Erfinder-Kongress besuchte, hatte er doch tatsächlich vergessen, seinen Geräuschesauger auszuschalten. Als er zurückkam, dachte er sich: „Vielleicht sollte ich mal zum Ohrenarzt gehen." Er hörte absolut nichts. Es herrschte Totenstille. Kein Eisverkäuferläuten, keine Feuerwehrsirene, kein Froschkonzert, kein Storchschnabelgeklapper und kein Regenprasseln. Er öffnete den Geräuschesauger, nahm den Lärmbeutel heraus und leerte ihn aus. Da lagen alle Geräusche auf einem großen Haufen **wild durcheinander**.

alle Instrumente

Professor Schussel trennte die Geräusche fein säuberlich.
das **Läuten des Eisverkäufers** ...,

Glockenkranz

die **Sirene der Feuerwehr**, wenn sie ausrückt, um seinen Kater Puck von einem Baum zu retten ...,

Klangbausteine c' – fis'

das **Froschkonzert am Dorfteich** ...,

Klangfrosch/geriffelten Schlägelgriff über die Kante einer Holzblocktrommel ziehen

das **Storchschnabelgeklapper** aus dem Nest am stillgelegten Fabrikschornstein ...,

Klanghölzer ...

das **Trommeln des Regens**, der nach einer langen Trockenheit alle Tiere und Pflanzen von ihrem Durst erlöste ...

mit den Fingerkuppen eine Rahmentrommel bespielen, Regenmacher ...

und alle anderen Geräusche, die ihn gestört hatten.
Er war froh, dass die Welt wieder von Klängen erfüllt war.
Am nächsten Morgen baute er den Sauger **in einen handelsüblichen Staubsauger** um.

alle Instrumente

MAULWURF PAUL SUCHT DEN FRÜHLING (1/2)

* Klanghölzer, Holzblocktrommel …
* Glockenspiel, Fingerzimbeln …
* Guiro[1]
* Blockflöte

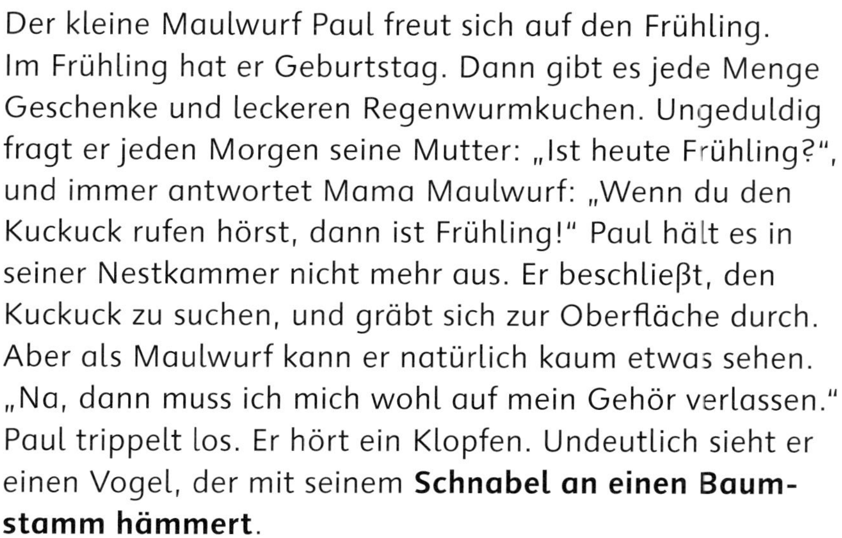

Der kleine Maulwurf Paul freut sich auf den Frühling. Im Frühling hat er Geburtstag. Dann gibt es jede Menge Geschenke und leckeren Regenwurmkuchen. Ungeduldig fragt er jeden Morgen seine Mutter: „Ist heute Frühling?", und immer antwortet Mama Maulwurf: „Wenn du den Kuckuck rufen hörst, dann ist Frühling!" Paul hält es in seiner Nestkammer nicht mehr aus. Er beschließt, den Kuckuck zu suchen, und gräbt sich zur Oberfläche durch. Aber als Maulwurf kann er natürlich kaum etwas sehen. „Na, dann muss ich mich wohl auf mein Gehör verlassen." Paul trippelt los. Er hört ein Klopfen. Undeutlich sieht er einen Vogel, der mit seinem **Schnabel an einen Baumstamm hämmert**.

Klanghölzer, Holzblocktrommel …

„Bist du der Kuckuck?" – „Nein", antwortet der Vogel. „Ich bin nicht der Kuckuck. Ich bin Tock, der Specht." Und schon **zimmert er weiter** an einer Nesthöhle für seinen Nachwuchs.

Klanghölzer, Holzblocktrommel …

Paul trippelt weiter. Er hört ein helles Klingen. Undeutlich sieht er etwas auf einem Wurzelstock sitzen. Es **klimpert mit seinen Glasflügeln**.

Glockenspiel, Fingerzimbeln …

„Bist du der Kuckuck?" – „Nein", antwortet das Etwas. „Ich bin nicht der Kuckuck. Ich bin Pling, die Waldelfe. Ich sitze auf einem Wurzelstock, **klimpere mit meinen Glasflügeln** und genieße die warmen Sonnenstrahlen".

Glockenspiel, Fingerzimbeln …

Paul trippelt weiter. Er hört ein lautes Grunzen. Undeutlich sieht er einen Vierbeiner, der sich in einer **schlammigen Wasserlache** suhlt.

Guiro/Stimme

[1] s. S. 5 bzgl. Herstellung

8 MAULWURF PAUL SUCHT DEN FRÜHLING (2/2)

„Bist du der Kuckuck?“ – „Nein“, antwortet der Vierbeiner. „Ich bin nicht der Kuckuck. Ich bin Borsti, das Wildschwein.“ Und schon suhlt sich Borsti, zufrieden **grunzend, in seiner schlammigen Wasserlache**.	*Guiro/Stimme*
Paul trippelt weiter. Er hört einen **Vogelruf**.	*Blockflöte c'' – a'*
„Bist du der Kuckuck?“ – „Ja“, antwortet der Vogel. „Ich bin Kucki der Kuckuck.“ Paul ist glücklich! „Meine Mama sagt, wenn ich den Kuckuck rufen höre, dann ist Frühling und dann habe ich Geburtstag!“ „Ob du Geburtstag hast, weiß ich nicht“, entgegnet ihm der Vogel, „aber wenn Tock ein **Kinderzimmer meißelt** …	*Klanghölzer, Holzblocktrommel …*
und Pling mit ihren **Glasflügeln** die warmen Sonnenstrahlen begrüßt …	*Glockenspiel, Fingerzimbeln …*
und sich Borsti das erste Mal im Jahr **grunzend in einer Wasserlache suhlt** …	*Guiro/Stimme*
dann muss Frühling sein! Paul ist überglücklich. Er lädt Tock, Pling, Borsti und Kucki zu seiner Geburtstagsparty ein. Alle kommen und sie feiern ein **grandioses Fest**.	*alle Instrumente*

9 DIE BIENENPRINZESSIN (1/3)

* Kamm[1]

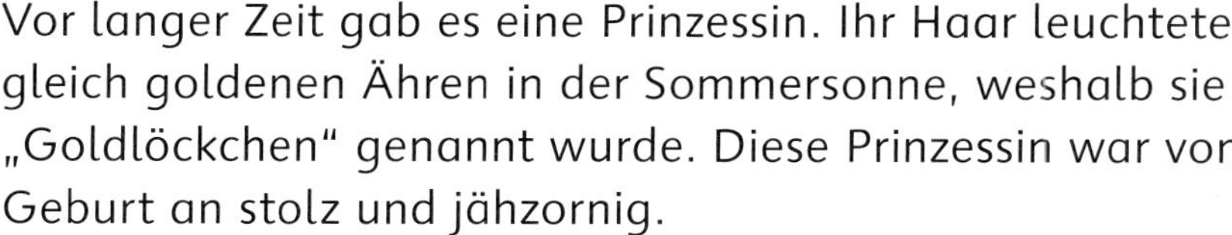

Vor langer Zeit gab es eine Prinzessin. Ihr Haar leuchtete gleich goldenen Ähren in der Sommersonne, weshalb sie „Goldlöckchen“ genannt wurde. Diese Prinzessin war von Geburt an stolz und jähzornig.
Auch eine Biene, die auf der königlichen Fensterbank eine Rosenblüte besuchte, fiel diesem Jähzorn zum Opfer. Die Prinzessin nahm Maß, holte aus und .... **klatsch**!

in die Hände klatschen

Die Biene war tot. Zufrieden mit sich und der Welt wandte sich Goldlöckchen dem alltäglichen **Nachmittagstee** zu.

gemeinsam schlürfen

In direkter Nachbarschaft zum Schlossgarten lagen der Feenwald und die Rosenwiese. Hier lebte der alte Nyuki, der Beschützer der Wiesenbewohner. Der sinnlose Tod seiner Bienenfreundin machte ihn traurig und zornig zugleich. Nyuki beschloss, Goldlöckchens Treiben Einhalt zu gebieten, und stellte die Prinzessin zur Rede. „Was fällt dir ein? Eine Königstochter versucht stets, ihrem Volk weise und gütig zu dienen. Du aber bist grausam und unfähig, den Wert eines Lebens zu schätzen. Ich werde dich in eine Biene verwandeln. Erst, wenn du deine Tat bereust und du dich als deines Amtes würdig erweist, wirst du erlöst und zurückverwandelt.“
Mit einem **Fingerschnipsen verwandelte Nyuki Goldlöckchen in eine Biene**.

gemeinsames Fingerschnipsen – dann erstauntes „Ooooh!“

Ihre erste Aufgabe bestand im Säubern leerer Waben. Doch hochmütig strafte die Prinzessin ihre Kolleginnen mit Spott und Verachtung. Der Putzlappen blieb unberührt in der Ecke liegen und so kam es, dass am Ende des Tages ihre Arbeit unerledigt war. Als Schlafplatz wurde ihr die Wabe zugewiesen, die sie eigentlich hatte reinigen sollen und so musste Goldlöckchen die Nacht zwischen Unrat und Müll verbringen. Am Morgen **rief Goldlöckchen nach ihrer Dienerschaft**,

Solokamm – freies Improvisieren

[1] s. Vorwort bzgl. Herstellung

9 Die Bienenprinzessin (3/3)

doch niemand kam. Ungewaschen und hungrig setzte sich Goldlöckchen in eine Ecke und **weinte**.

jammern/weinen

Doch alles Jammern nützte nichts. Wenn sie essen wollte, dann musste sie auch etwas tun. Die Prinzessin stand auf, säuberte ihr Kleid, wusch ihr Gesicht und begann, gemeinsam mit den anderen Putzbienen **Waben zu säubern**.

Summ–Cluster[2]

Ab dem dritten Tage fütterte sie Larven und **wärmte die Brut**.

Solokamm

Ihre nächste Aufgabe es, war Waben zu bauen. Aus den Schuppen ihres Hinterleibs trat das Wachs in kleinen Blättchen aus. Unermüdlich knetete und formte Goldlöckchen mit ihrem Kiefer die Wachsblättchen zu kleinen Klümpchen und **baute daraus neue Waben**.

Summ – Cluster

So vergingen die Tage mit immer weiteren Aufgaben im Bienenstock. Schließlich war es an der Zeit, dass Goldlöckchen selbst ausfliegen durfte, um auf den Bienenweiden **Pollen, Nektar und Wasser zu sammeln**.

Solokamm

Das einstmals verwöhnte Goldlöckchen war kaum wiederzuerkennen. Unermüdlich machte sie sich zum Sammelflug auf und **kehrte schwer beladen zum Stock zurück**.

Melodie: „Summ, summ, summ"

Die Tage des Sommers vergingen wie im Fluge und schon nahte der Herbst. Alle Honigzellen waren gefüllt und verschlossen und im Bienenstock **kehrte Ruhe** ein.

Cluster: laut beginnen und decrescendo in Stille münden

Doch eines frühen Morgens erschien wie aus dem Nichts ein Fremder auf der Rosenwiese. Zielsicher schlich er zu jenem Baum, der den Bienenstock beherbergte. Goldlöckchen hatte Wachdienst am Flugloch, doch bemerkte sie den Fremden erst, als dieser versuchte, an ihrem Baum **Feuer zu legen**.

Flammenknistern (Pergamentpapier zerknüllen)

Goldlöckchen wusste aus ihrem früheren Leben, dass die Menschen die Bienen mit Rauch betäuben, um ihnen den Honig zu stehlen. Die Prinzessin wusste aber auch:

[2] Cluster: mehrere unmittelbar nebeneinander liegende Töne, die gleichzeitig erklingen

DIE BIENENPRINZESSIN (3/3)

Ohne den Honig als Nahrungsvorrat überstehen die Bienen den Winter nicht. Ohne zu zögern, **stürzte sich Goldlöckchen auf den Honigdieb**, um ihn zu vertreiben.	*wildes Solo auf dem Kamm*
Den Dieb zu stechen, wäre sicher hilfreich. Aber wenn der Stachel einer Biene in Menschenhaut sticht, bleibt er dort stecken und reißt ab. Und dann muss die Biene sterben. Goldlöckchen sah den Fremden, wie er Feuer legen wollte. Sie musste sich entscheiden **und** … –	*Wirbel mit den Händen auf den Oberschenkeln*
Goldlöckchen **stach zu**!	*einmal gemeinsam klatschen*
Der Honigdieb nahm Reißaus. Und die Prinzessin …? Oh weh! Goldlöckchen **ging es gar nicht gut**.	*leises Summ-Cluster*
Doch da, schaut! Der Honigdieb **kehrte zurück**!	*Wirbel mit den Händen auf den Oberschenkeln*
Alle Bienen eilten herbei, um Goldlöckchen und ihren Honig zu **verteidigen**!	*lautes Summ-Cluster*
Doch bevor sich die Bienen auf den Fremden stürzen konnten, nahm dieser seine Kapuze ab. Es war Nyuki! „Ich kenne eine Prinzessin names Goldlöckchen, die früher großes Unrecht und bitteres Leid schuf. Diese Zeit ist nun vorüber und auch dieses Goldlöckchen gibt es nicht mehr. Sie hat sich gewandelt. Ihre Mühe soll nicht vergebens sein.“ Die Bienen legten Goldlöckchen ins hohe Gras und **summten ihr Lied**.	*Melodie: „Summ, summ, summ“*
Und …? Unglaublich! Die Prinzessin lebte. Sie war unverletzt und … sie war keine Biene mehr! Goldlöckchens Haar leuchtete gleich goldenen Ähren in der Sommersonne, als sie dem hohen Gras entstieg und begeistert von allen Bewohnern des Königreiches **voller Freude begrüßt wurde**.	*alle jubeln*

10

DIE WETTERHEXE (1/2)

* Glockenspiel, Becken …
* Fingerzimbeln, Glockenspiel …
* Regenmacher, Rahmentrommel …
* Heulrohr

In einem geheimnisvollen Land lebt Fiora, die Wetterhexe. Jeden Morgen bestimmt sie, wie das Wetter wird. Ist Fiora gut gelaunt, scheint die Sonne. Wird sie aber übellaunig wach, dann lässt sie es auch mal gehörig rumsen und Donner und Blitz ziehen über das geheimnisvolle Land. Gerade hat der Frühling begonnen. Das ist Fioras liebste Jahreszeit. Gut gelaunt schwingt sie ihren Zauberstab und spricht: „**Hex-hex – Zauberei – Sonne, komm herbei!**“	Glockenspiel, Becken …
Die Sonne strahlt und alle Bewohner des geheimnisvollen Landes freuen sich.	Glockenspiel, Fingerzimbeln …
Doch bald lassen die ersten Blumen ihre Köpfe hängen. Ihnen gefällt zwar die Sonne, aber nun haben sie Durst und bitten Fiora um Regen. Die Wetterhexe beschließt, einen kräftigen Regenschauer für ihre Blumenfreunde herbeizuzaubern. Sie schwingt ihren Zauberstab und spricht: „**Hex-hex – Zauberei – Regen, komm herbei!**“	Glockenspiel, Becken …
Es fängt an, zu **regnen**.	Regenmacher, Rahmentrommel mit Fingerkuppen spielen
Die Blumen sind glücklich und bedanken sich bei Fiora. Und auch die Bewohner des geheimnisvollen Landes freuen sich über die kurze Abkühlung. Am nächsten Tag kommt Anton vorbei. Er hat sich einen schönen, bunten Drachen gebaut. Das war sehr viel Arbeit und nun will Anton ihn natürlich gern steigen lassen. Aber gerade heute weht einfach kein Wind. Fiora freut sich, dass sie Anton helfen kann. Sie schwingt ihren Zauberstab und spricht: „**Hex-hex – Zauberei – Wind, komm herbei!**“	Glockenspiel, Becken …

DIE WETTERHEXE (2/2)

Der Drachen schwingt sich in den **blauen Frühlingshimmel** hinauf.	Zischen, Heulrohr, Fell der Trommel reiben ...
Anton ist glücklich über seinen fliegenden Drachen und jauchzt vor Freude. Den ganzen Nachmittag läuft er mit seinem Drachen auf der großen Wiese hinter Fioras Haus auf und ab. Und Fiora? Die ist müde vom vielen Hexen. Doch einen Zauber hat sie sich als Überraschung aufgehoben. Fiora schwingt ihren Zauberstab und spricht: „**Hex-hex – Zauberei – Regenbogen, komm herbei!**"	Glockenspiel, Becken ...
Und tatsächlich erstrahlt am Himmel ein wunderschöner Regenbogen. Alle Bewohner des geheimnisvollen Landes sind begeistert von Fiora und ihrer Zauberkunst und gemeinsam tanzen sie den tollen **Regenbogenzaubertanz**!	alle Instrumente

11

LUNA STERNENSTAUB (1/3)

* Hupe
* Klingel
* beliebige vorhandene Instrumente für Fantasiegeräusche

Endlich schulfrei! Luna fliegt mit ihren Eltern in die Sommerferien. Aber keine gewöhnlichen Sommerferien: Ihre Eltern sind Astronauten und besitzen ein eigenes Raumschiff. Sie wollen neue Welten erforschen und unbekanntes Leben entdecken.
Das erste Ziel von Familie Sternenstaub ist der Mond. Ein kleiner Mondkrater macht Luna neugierig. Sie bückt sich, schaufelt etwas Sand beiseite und hält eine Flasche in der Hand. Es ist eine Flaschenpost mit einer Schatzkarte darin. Familie Sternenstaub beschließt, auf große Schatzsuche zu gehen, und Luna darf ans Steuer. Schließlich hat sie den Raketomobil-Führerschein.

Als Erstes besuchen sie den roten Mars. Einen Schatz finden sie nicht, aber **eine Herde Marscarponer**.	*eigene Kreation an Fantasiegeräuschen*
Weiter zum Jupiter. Einen Schatz finden sie nicht, aber **einen Schwarm Jupis**.	*eigene Kreation an Fantasiegeräuschen*
Am Saturn muss Luna langsamer fliegen. Ein dichter Gasnebel behindert beim Landen die Sicht. Einen Schatz finden sie nicht, aber **eine Mützelzipfen-Kolonie**.	*eigene Kreation an Fantasiegeräuschen*
Mit Vollgas düsen sie zum Uranus. Einen Schatz finden sie nicht, aber **ein Rudel der seltenen Uranüsse**.	*eigene Kreation an Fantasiegeräuschen*
Am Neptun stürmt es mal wieder. Einen Schatz finden sie nicht, aber einen der **schon ausgestorben geglaubten Neptunesen**.	*eigene Kreation an Fantasiegeräuschen*
Sie kommen an eine Milchstraßenkreuzung. Natürlich zeigt die Ampel Rot. Durch den Feierabendverkehr hat sich **ein Raumschiffstau gebildet**.	*Hupe, Klingel*

11 LUNA STERNENSTAUB (2/3)

Familie Sternenstaub landet auf der Maschinenwelt Primusalpha. Hier tummeln sich jede Menge **Eisverkäuferroboter**, **Baggerführerroboter**, **Steuerberaterroboter**, **Piratenroboter**, **Busfahrerroboter**, **Briefträgerroboter** und **Fliesenlegerroboter**.	*alle Instrumente*
Einen Schatz finden sie nicht, aber am Schrottplatz sieht Luna aus einem Alteisencontainer einen Metallarm herausschauen. Sie zieht daran und hervor kommt ein sehr verschrammter Blechautomat. Luna findet einen Einschaltknopf. Sie drückt ihn und die silberne Metallkiste beginnt, zu sprechen.	
„Ich heiße Roberta. Ich fonktionure innerhalb normaler Parameter. Ich brauche nur einen Schoss Maschinenöl und in monem Rechenzentrum üst ei-ei-ei-ei-ei-ne Schrube lock-ock-ocker."	*Maschinenstimme/ Fantasiegeräusche*
Luna zieht Robertas Schrauben fest und füllt einen Kanister Motoröl nach. Sie erzählt von der Flaschenpost, dem Plan, einen Schatz zu suchen, und dass sie gut eine starke Roboterin als Reisebegleitung gebrauchen könnte. Roberta ist sofort begeistert: „Hurra! Hurra! Roberta geht auf Schatzsuche!"	
Gemeinsam fliegen sie weiter zu dem Eisplaneten Belcanto 5. Einen Schatz finden sie nicht, aber ein Ei. Luna befühlt es und stellt fest, dass es eiskalt und tiefgefroren ist. Egal was sich in dem Ei befindet, bei diesen Temperaturen wird es nicht schlüpfen können. Luna zückt ihre Hitzestrahlenpistole, zielt und **mit einem kräftigen Hitzestrahl taut sie das Ei auf**.	*Fantasiegeräusche*
Schon bald beginnt das Ei, sich zu rühren. Heraus schlüpft ein kleiner Belcantonese. Das Tolle an Belcantonesen ist, dass sie direkt nach der Geburt schon laufen und **sprechen können**.	*Fantasiesprache*
Der kleine Belcantonese heißt Sputnix und von einem Schatz weiß er leider auch nichts. Er möchte sich aber bei Luna für seine Befreiung bedanken und bei der Suche nach dem Schatz helfen. Gemeinsam fliegen sie weiter.	

LUNA STERNENSTAUB (3/3)

Aber auf allen Planeten, die sie noch besuchen, das gleiche Ergebnis: kein Schatz. So gehen die Ferien zu Ende und Familie Sternenstaub fliegt zurück zur Erde. Mama Sternenstaub seufzt: „Schade, dass wir keinen Schatz gefunden haben. Jetzt war die ganze Reise umsonst." Luna lacht: „Aber Mama, die Reise war nie und nimmer umsonst. Überleg doch mal, wen wir alles getroffen haben! **Marscarponer auf dem Mars ...**	*Fantasiegeräusche*
Jupis auf dem Jupiter ...	*Fantasiegeräusche*
Mützelzipfen auf dem Saturn ...	*Fantasiegeräusche*
Uranüsse auf dem Uranus ...	*Fantasiegeräusche*
Neptunesen auf dem Neptun ...	*Fantasiegeräusche*
und den kostbarsten Schatz habe ich auch schon längst gefunden. Einen Schatz, der viel wertvoller ist als alles Gold und alle Schuppen der ganzen Galaxie zusammen. Ich habe Freunde gefunden! Gute Freunde! Die besten Freunde überhaupt!" Das Raumschiff landet sicher auf der Erde. Luna, Roberta und Sputnix sind sich einig: Bald geht es wieder los in die unendlichen Weiten des Weltraums. Zu fremden Welten, unbekanntem Leben und **neuen Abenteuern**!	*alle Instrumente*

Geisterstunde mit Herrn Schmitt

- ✱ Zimbeln, Becken
- ✱ Wasserschüssel (Metall), Flexaton[1] …
- ✱ Schellenkranz, Schellenrassel …
- ✱ Rührtrommel, Wasserglas mit Strohhalm

Herr Schmitt ist von Beruf Nachtwächter.

Text	Instrumente
Hört der Turmuhr frohe Kunde, **Vampire, Nachtgeist und Herr Schmitt.**	*Glockenschläge (Zimbeln aufeinanderträufeln, Becken mit Schlägel …)*
Ab sofort ist Geisterstunde! **Alle feiern fröhlich mit!**	*alle Instrumente*
Hu-hu-hu – das Nachtgespenst **spukt allein im Schloss am Moor.**	*Stimme, Flexaton, mit Wasser gefüllte Stahlschüssel anschlagen und schwenken*
Klirrt und klappert mit den Ketten **zwickt und zwackt Herrn Schmitt ins Ohr.**	*Schellenkranz, Schellenrassel, Stimme …*
Ohrenblut der Gruppe Null **weckt im Fürst der Nacht die Blutglut**	*Rührtrommel, mit einem Strohhalm Luft in ein Glas mit Wasser blasen (blubbern)*
zugebissen, o-zapft iss, der rote Saft, **der ihm so gut tut!**	*Stimme (hoher, spitzer Schrei): „Aaaah!“, dann (schmatzen): „Mmmhh!“*
Nachts darauf – die **Uhr schlägt 12**, vom Herrn Schmitt – keine Spur.	*Glockenschläge (Zimbeln aufeinanderträufeln, Becken mit Schlägel …)*
Dafür eine Urlaubskarte, **„Grüße von der Knoblauchkur!“**	*Stimme: seufzen, traurige Stimmung verbreiten: Zimbeln reiben …*
Wieder naht die Geisterstunde und nichts zu beißen – ärgerlich. Doch alles Klagen hilft nicht weiter. Dann beißen wir halt heute … **dich!**	*alle Instrumente*

[1] Metallzunge, die je nach Spannung die Tonhöhe verändert

13

2 Räuber auf Honigsuche (1/2)

* Rahmentrommeln

Großer Räuber und Kleiner Räuber sind die dicksten Freunde. Sie wohnen gemeinsam in einer kleinen Räuberhöhle. Wie jeden Morgen wacht auch heute wieder Kleiner Räuber zuerst auf. Großer Räuber schläft noch tief und fest. Also springt Kleiner Räuber auf den kugelrunden Bauch von Großer Räuber und **hopst darauf herum**.

klingende Schläge auf der Rahmentrommel

So lange, bis Großer Räuber brummt: „Halt! Stopp! Ich bir wach, Kleiner Räuber!" Großer Räuber krabbelt aus seinem Bett. Plötzlich erfüllt ein **unheimliches Grummeln** die Räuberhöhle.

geriffelten Schlägelgriff über die Kante der Rahmentrommel ziehen

„Was war denn das?", flüstert ängstlich Kleiner Räuber. Großer Räuber streicht sich den Bauch und spricht: „Das war mein Bauch, Kleiner Räuber. Ich bin ja so hungrig!" „Komm, ich weiß, wo wir leckeren Honig finden!", ruft Kleiner Räuber und voller Vorfreude auf das süße Frühstück **machen sich die beiden auf den Weg**.

mit der Handfläche auf das Fell der Rahmentrommel klatschen

Zuerst führt sie ihr Weg zur alten Eiche. Dort gibt gerade Meister Specht **ein kleines Konzert**.

mit dem Schlägelgriff auf den Holzrahmen der Trommel klopfen

Geduckt und leise **schleichen sie durch die Wolfsschlucht**.

mit den Fingernägeln über das Fell streichen

Im Dauerlauf geht es über die Lichtung.

mit der Handfläche auf das Fell klatschen

Großer Räuber und Kleiner Räuber brauchen eine Rast. Oh nein, sie sitzen mitten in einem Ameisenhaufen!

mit den Fingernägeln auf das Fell trommeln, Schreiattacke

Weiter geht es durch einen Kastanienhain. Der Boden ist übersät mit leeren Kastanienschalen, die wie kleine Igel aussehen. **Au weh, sie sind ja barfuß.**

mit den Fingern auf das Fell schnalzen, Schrei: „Au!!"

13

2 RÄUBER AUF HONIGSUCHE (2/2)

Mühsam tapsen sie **einen Berg hoch**.	*langsam mit der Handfläche auf das Fell klatschen*
Und wie der Wind geht es **den Berg wieder hinunter**.	*schnell mit der Handfläche auf das Fell klatschen*
Großer und Kleiner Räuber finden den **Bienenstock**.	*summen*
Er hängt so hoch, dass sie ihn nicht erreichen können, doch Kleiner Räuber weiß Rat. Er klettert flink auf die Schultern seines Freundes. Mit seiner kleinen Räuberhand will Kleiner Räuber gerade in das wuselnde Bienennest greifen, als plötzlich, mit wütendem Summen, alle Bienen aus ihrem Stock ausschwärmen und sich **auf die Räuber stürzen, um ihre Honigernte zu schützen**.	*summen – alle Trommeln gleichzeitig*
Nichts wie weg! Großer Räuber und Kleiner Räuber ergreifen die Flucht. Mühsam steigen sie **den Berg hoch**	*langsam mit der Handfläche auf das Fell klatschen*
und wie der Wind geht es **den Berg wieder hinunter**.	*schnell mit der Handfläche auf das Fell klatschen*
Weiter geht es durch den Kastanienhain. Oh weh, sie sind ja **immer noch barfuß**.	*mit den Fingern auf das Fell schnalzen, Schrei: „Au!"*
Im Dauerlauf geht es über die Lichtung.	*schnell mit der Handfläche auf das Fell klatschen*
Geduckt und leise **schleichen sie durch die Wolfsschlucht**.	*mit den Fingernägeln über das Fell streichen*
Vorbei an der alten Eiche. Dort gibt Meister Specht gerade **die letzte Zugabe**.	*mit dem Schlägelgriff auf den Holzrahmen der Trommel klopfen*
Völlig erschöpft und leicht ramponiert, erreichen sie ihre Räuberhöhle. Großer Räuber und Kleiner Räuber lassen sich **in ihr Bett plumpsen**	*gemeinsam auf das Fell schlagen*
und beschließen einstimmig: **„Den nächsten Honig rauben wir im Supermarkt!"**	*gemeinsam mit individuellen Soli trommeln*

14 KLABAUTERMANN – AHOI! (1/3)

- ✱ Ocean-Drum[1], Heulrohr …
- ✱ Schellenkranz
- ✱ Rührtrommel, Kastagnetten …
- ✱ Handzimbeln, Cowbell (Kuhglocke) …
- ✱ Holzblocktrommel

Unsere Geschichte beginnt an Bord des „Sturmvogels“, eines auf allen Weltmeeren gefürchteten Piratenschiffs, das auch den **schlimmsten Stürmen** und **den höchsten Wellen** trotzt.	*Ocean-Drum, Heulrohr …*
Der Käpt'n des „Sturmvogels“ ist der berühmte Piratenkapitän Miesmuschel. Seine Matrosen sind: Jan Schwarzbart. Jan traut seinen Piratenkollegen nicht über den Weg. Deshalb trägt er seinen Anteil am Piratenschatz in der Hosentasche mit sich. Schon von Weitem hört man das **Klimpern der Goldstücke**.	*Schellenkranz*
Hein Rotbart. Der dünnste Pirat, der je die sieben Weltmeere befahren hat. Wenn er Angst hat, dann **klappern seine Knochen lauter als die eines Skeletts**. Und Hein hat immer und vor jedem Angst.	*Rührtrommel, Kastagnetten …*
Klaas Blaubart, der Smutje, also der Koch des Schiffs, trägt immer alle **Töpfe und Pfannen laut scheppernd mit sich**. Er hat Angst, dass sie ihm auf dem Piratenschiff gestohlen werden.	*Handzimbeln, Cowbell …*
Dann wäre da noch Piet Milchbart, der Klabautermann. Er ist der gute Schutzgeist des Schiffs und warnt den Käpt'n vor Gefahren. Immer wenn man ein **Hämmern** hört, dann ist Piet unterwegs.	*Holzblocktrommel*
Er sucht schadhafte Stellen im Schiffsrumpf, die dann von **Jan**,	*Schellenkranz*
Klaas,	*Handzimbeln, Cowbell …*

[1] mit Fell bespannte Trommel, die mit Metallkugeln gefüllt ist

14

KLABAUTERMANN – AHOI! (2/3)

und **Hein**	*Rührtrommel, Kastagnetten …*
repariert werden. Der Tagesablauf auf dem „Sturmvogel" ist genau festgelegt. Die Mannschaft trifft sich jeden Morgen, pünktlich um 8 Uhr, auf dem Achterdeck zum Morgenkreis. Hat einer Geburtstag, dann bekommt er **ein Ständchen gesungen** und darf den ganzen Tag die Neptunkrone tragen.	*optionales Lied: „Happy Birthday"*
Um 9 Uhr wird von allen Matrosen **das Deck geschrubbt**.	*alle Instrumente*
Um 10 Uhr **serviert Klaas das Frühstück**.	*Handzimbeln, Cowbell …*
11 Uhr heißt, **Jan übt Seemannsknoten**,	*Schellenkranz*
Hein übt Piratenflüche …	*Rührtrommel, Kastagnetten …*
und **Piet sucht schadhafte Stellen im Schiffsrumpf**.	*Holzblocktrommel*
Um 12 Uhr **serviert Klaas das Mittagessen**.	*Handzimbeln, Cowbell …*
13 Uhr heißt: **Mittagsschlaf**.	*schnarchen*
Von 14 bis 16 Uhr werden **Schiffe gekapert und wertvolle Schätze erbeutet**.	*alle Instrumente, johlen*
Um 16 Uhr **serviert Klaas den Nachmittagstee**.	*Handzimbeln, Cowbell …*
Ab 15 Uhr **übt Hein Seemannsknoten**,	*Rührtrommel, Kastagnetten …*
Jan übt Piratenflüche …	*Schellenkranz*
und **Piet sucht schadhafte Stellen im Schiffsrumpf**.	*Holzblocktrommel*
Um 18 Uhr ist Zeit zum Flaschenpostschreiben. Ab **19 Uhr serviert Klaas das Abendessen**.	*Handzimbeln, Cowbell …*
Danach heißt es für alle – **ab in die Koje**.	*schnarchen*

Klabautermann – Ahoi! (3/3)

So geht es Tag für Tag, Monat um Monat, Jahr für Jahr. Doch seit einiger Zeit hat Kapitän Miesmuschel Probleme mit dem wilden Piratenleben. Er ist nicht mehr der Jüngste und seine morschen Knochen vertragen die nasse, salzige Meeresluft nicht mehr so gut. Er träumt von einem trockenen Bett und möchte nicht jeden Tag **den schlimmsten Stürmen** und **den höchsten Wellen** trotzen müssen. — *Ocean-Drum, Heulrohr …*

Liebe Kinder, vielleicht habt ihr ja Lust, Kapitän des „Sturmvogels" zu werden.

Jan Schwarzbart, — *Schellenkranz*

Hein Rotbart, — *Rührtrommel, Kastagnetten …*

Klaas Blaubart — *Handzimbeln, Kuhglocke …*

und **Piet Milchbart** — *Holzblocktrommel*

warten schon auf euch.
Doch jetzt: Auf, Matrosen! Den Kompass gerichtet, den Anker gelichtet, die Leinen los und die Segel gesetzt! Und euch, liebe Kinder, euch wünsche ich allzeit guten Wind und immer eine Handbreit Wasser unter dem Kiel – das heißt, es soll euch immer gut gehen.
Beim Klabautermann – **ahoi und auf Wiedersehen**! — *alle Instrumente, johlen*

15

Alles klingt, alles singt

Melodie: Alle Leut, alle Leut
überliefertes Liedgut/Textbearbeitung: Ch. Kunkel

Der Text muss nicht zwingend mit den unten stehenden Noten begleitet werden, sondern kann auch nur gesungen/gerappt/rhythmisch gesprochen werden.

1. Alles klingt, alles singt, in diesem Raum!
   laute Tön, leise Tön, alle gar wunderschön.
   Alles klingt, alles singt, in diesem Raum!

2. Alles klingt, alles singt, in diesem Raum!
   Hört euch den Boden an, wie toll der klingen kann. *stampfen …*
   Alles klingt, alles singt, in diesem Raum!

3. Alles klingt, alles singt, in diesem Raum!
   Hört euch das Fenster an, wie toll das klingen kann. *an die Scheibe klopfen …*
   Alles klingt, alles singt, in diesem Raum!

4. Alles klingt, alles singt, in diesem Raum!
   Hört euch die Türe an, wie toll die klingen kann. *Tür zufallen lassen …*
   Alles klingt, alles singt, in diesem Raum!

5. Alles klingt, alles singt, in diesem Raum!
   Hört euch die Tafel an, wie toll die singen kann. *über die Tafel kratzen*
   Alles klingt, alles singt, in diesem Raum!

Wie klingen der Heizkörper,
die Stühle, die Schränke …?
Wie klingt das Zimmer?
Erfindet eigene Strophen!

16 Heut ist ein Fest bei den Fröschen (1/2)

* Klangfrosch, Holzblocktrommel …
* Klanghölzer
* Guiro[1], Kamm
* Xylofon-Klangstäbe d1 und d2
* Becken, Triangel, Handzimbeln …

Der Text muss nicht zwingend mit den unten stehenden Noten begleitet werden, sondern kann auch nur gesungen/gerappt/rhythmisch gesprochen werden – ein Kanon bietet sich in jedem Fall an.

Melodie: volkstümlich
Text: 1. Strophe: volkstümlich,
2.–5. Stophe: Christian Kunkel

1. Heut ist ein Fest bei den Fröschen am See
   Ball und Konzert und ein großes Diner.
   Quak, quak, quak, quak! Quak, quak, quak, quak!

Klangfrosch und/oder geriffelten Schlägelgriff über die Kante einer Holzblocktrommel ziehen

2. Heut ist ein Fest bei den Spechten im Wald.
   Hämmern und klopfen, ein Lied froh erschallt.
   Tock, tock, tock, tock! Tock, tock, tock, tock!

Klanghölzer/Holzblocktrommel …

3. Heut ist ein Fest bei dem sauklügsten Schwein.
   Grunzen und quieken in reinstem Latein.
   Nch, nch, nch, nch! Nch, nch, nch, nch!

Guiro/geriffelten Schlägelgriff oder Kamm im Tempo des Liedes über die Kante der Xylofon-Klangstäbe d2 und d1 ziehen

[1] s. S. 5 bzgl. Herstellung

16

HEUT IST EIN FEST BEI DEN FRÖSCHEN (2/2)

4. Heut ist ein Fest bei den Glocken im Turm.
   Das freut den Pfarrer. Er läutet sie Sturm.
   Ding, dang, ding, dong! Ding, dang, ding, dong! *Becken, Triangel, Handzimbeln …*

5. Heut ist ein Fest, weil bald Ferien sind.
   Das freut alle Lehrer und jedes Schulkind.
   Hey, hey, hey, hey! Ho, ho, ho, ho! *alle Instrumente*

Liedschluss: Der oder die Dirigierende zeigt den Schluss an und alle Kinder dürfen noch einmal ein tolles Solo zelebrieren.

MANEGENZAUBER (1/4)

* Peitsche, Gürtel[1] ...
* Donnerblech, Rahmentrommel
* Xylofon-Klangbausteine c' – e' – g' – c'' und Kazoo[2] (für Tusch)
* Glockenspiel mit pentatonischer Reihe
* dünnwandiges Weinglas
* Luftballon
* Klanghölzer, Holzblocktrommel ...
* Orffpauke, Flexaton[3], Lotusflöte, Rührtrommel ...

Es ist Sonntag. Lukas sitzt vor dem Freundschaftsbuch, das ihm sein Freund Sebastian mitgegeben hat, und ist gerade dabei, die einzelnen Fragen zu beantworten. Lieblingstier? Das ist einfach. Natürlich sein Kater Puck! Leibspeise? Noch einfacher. Spaghetti mit Tomatensoße. Berufswunsch? Hier wird es schon schwieriger. Lukas hat die Wahl zwischen Steuerberater und Archäologe. Steuerberater, weil sein Patenonkel Paul auch Steuerberater ist. Von Onkel Paul bekommt er zu seinem Geburtstag und zu Weihnachten immer riesige Geschenke. So ein Steuerberater scheint eine Menge Geld zu verdienen. Und Archäologie übt er jetzt schon. Immer wenn nach einem Essen Knochen übrig bleiben, werden die nicht im Müll entsorgt. Lukas schnappt sich die Knochen und kreiert eigene Dinosaurier. Die Entscheidung „Berufswunsch" muss vertagt werden.
Da ruft Lukas' Vater. Heute geht es für die ganze Familie in den Zirkus.
Das ist ja ein Riesenzelt! Lukas und seine Familie nehmen Platz und die Vorstellung beginnt.
Als Erstes betritt der Zirkusdirektor die Manege und **knallt mit seiner Peitsche**.

Peitsche (Gürtel)

„Hochverehrtes Publikum – Willkommen hier im Zirkuszelt! Hereinspaziert! Manege frei! – **Zur größten Zirkusschau der Welt!**

Tusch und alle klatschen

[1] s. S. 5 bzgl. Einsatzmöglichkeiten
[2] kleines Membranofon
[3] Metallzunge, die je nach Spannung die Tonhöhe verändert

MANEGENZAUBER (2/4)

Sehr verehrtes Publikum, es ist mir eine große Freude, Sie so zahlreich begrüßen zu dürfen. Meine Wenigkeit, der einzigartige Directore Bombardoni, heißt Sie herzlich willkommen **im weltberühmten Zirkus Musikus**!"	*Tusch und alle klatschen*
Der Direktor **knallt mit seiner Peitsche**.	*Peitsche (Gürtel)*
„Als erste Attraktion präsentieren wir Ihnen ‚Den letzten seiner Art'. Eine Kuriosität der Natur! Vom Schwanz bis zum Kopf fünf Meter lang, vom Kopf bis zum Schwanz abermals zehn Meter. Sein Brüllen gleicht einem Donnergrollen. Mit einem Biss hat er Ali Baba und seine 40 Räuber verspeist. Liebe Kinder, hochverehrtes Publikum, freuen Sie sich auf das achte Weltwunder. Applaus für **Brutus, den Löwofanterus**!	*Donnerblech/Donnertrommel /Wirbel auf der Rahmentrommel* *Tusch und alle klatschen*
Brutus, setz dich aufs Podest und **mach Männchen**!"	*Peitsche (Gürtel)*
	Donnerblech/Wirbel auf Rahmentrommel
	Tusch und alle klatschen
Brutus kann sogar **ein Instrument spielen**!	*Peitsche (Gürtel)*
	Donnerblech/Wirbel auf Rahmentrommel
	Instrumentaleinlage mit Luftballon (Tülle auseinanderziehen und quietschen lassen)
Der Direktor ruft: „Einen Riesenapplaus für Brutus, den **einzigen Löwofanterus der Welt**!"	*Tusch und alle klatschen*

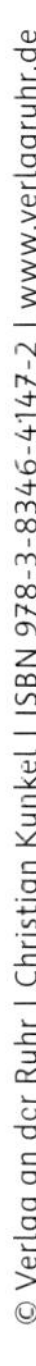

MANEGENZAUBER (3/4)

Er fährt fort: „Als nächste Sensation präsentieren wir Ihnen unvergleichliche Anmut und Grazie. Sterne verblassen bei ihrem Anblick und das Gesetz der Schwerkraft verliert seine Gültigkeit. Freuen Sie sich mit mir auf **Madame Aurora und ihren Tanz auf dem Seil**!"	*pentatonische Melodie auf dem Glockenspiel, die frei improvisiert wird (c–d–e–g–a–c'')*
	mit dem nassen Finger über ein dünnwandiges Glas reiben (Sphärenmusik)
Der Auftritt ist spektakulär! Danach jubelt der Direktor: „Bravo, bravissimo, phänomenal, sensationell! **Applaus für Madame Aurora**!"	*Tusch und alle klatschen*
Und es geht weiter: „Aufgepasst, liebes Publikum. Der nächste Höhepunkt wartet schon: August und Augustine. **Applaus für unsere Clowns**!"	*Tusch und alle klatschen*
Die Clowns führen in der Manege **eine lustige Nummer auf**.	*Orffpauke, Flexaton, Lotusflöte, Rührtrommel …*
	Tusch und alle klatschen
Als Nächstes sind die Pferde dran: „Sehr verehrtes Publikum, der Zirkus Musikus präsentiert Ihnen zarte Fesseln, schnaubende Nüstern, Vollblüter in vollendeter Eleganz. Freuen Sie sich mit uns auf Attila, den Hunnen, und seine **einzigartige Pferdedressur**!"	*Klanghölzer, Holzblocktrommel, … (gerade Achtel)*
	Tusch und alle klatschen
	Peitsche (Gürtel)
	Klanghölzer, Holzblocktrommel … (punktierter Rhythmus)
	Tusch und alle klatschen
Zuletzt verkündet der Direktor dem begeisterten Publikum: „Und nun – **unser großes Finale**!"	*Donnerblech/Wirbel auf Rahmentrommel*
	pentatonische Melodie auf dem Glockenspiel, die frei improvisiert wird (c–d–e–g–a–c'')

17

MANEGENZAUBER (4/4)

mit dem nassen Finger über ein dünnwandiges Glas reiben (Sphärenmusik)

Orffpauke, Flexaton, Lotusflöte, Rührtrommel …

Klanghölzer, Holzblocktrommel …

Tusch und alle klatschen

Das war eine **großartige Vorstellung**! — *alle Instrumente*

Es ist schon Abend und Lukas erzählt immer noch aufgeregt von dem, was er alles im Zirkus erlebt hat. Bevor er ins Bett geht, muss er noch das Freundschaftsbuch fertig ausfüllen. „Berufswunsch" – das ist jetzt ganz einfach. **Natürlich Zirkusdirektor**!

Peitsche (Gürtel)
alle Instrumente

© Verlag an der Ruhr | Christian Kunkel | ISBN 978-3-8346-4147-2 | www.verlagruhr.de | Abb.: Norbert Höveler

18

OHREN WIE EIN LUCHS (1/2)

* Glockenspiel
* Glas
* Glockenkranz
* Metallofon
* Guiro[1]
* Flexrohr
* Kamm[2]

Der Text muss nicht zwingend mit den unten stehenden Noten begleitet werden, sondern kann auch nur gesungen/gerappt/rhythmisch gesprochen werden.

Text und Melodie: Christian Kunkel

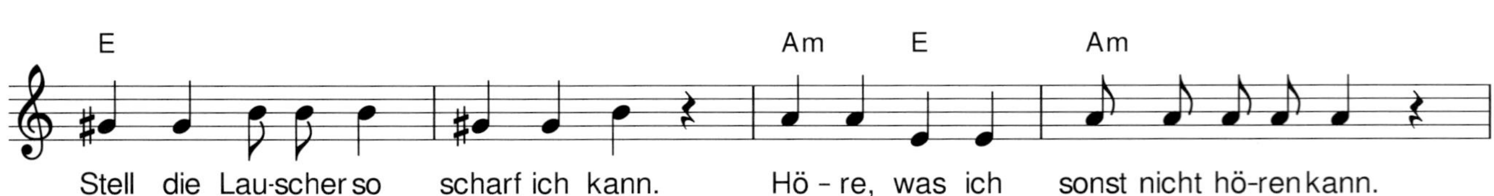

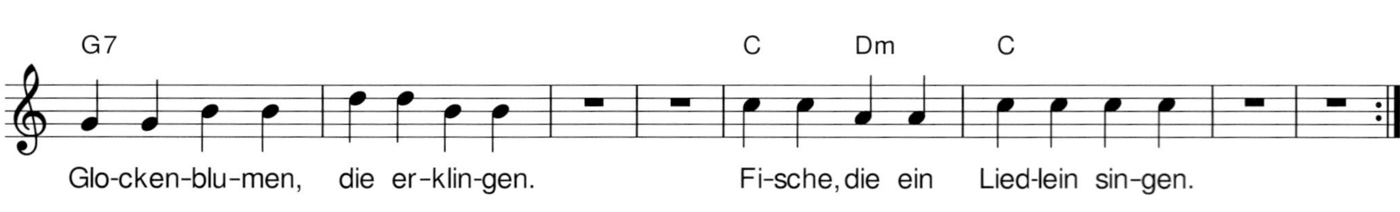

Die Pausen können mit einer dem Text entsprechenden Klangmalerei gefüllt werden.

[1] s. S. 5 bzgl. Herstellung
[2] s. S. 5 bzgl. Herstellung und Einsatzmöglichkeiten

OHREN WIE EIN LUCHS (2/2)

Refrain:
Ohren wie ein Luchs die hätt ich gern.
Könnte dann viel besser hörn.
Stell die Lauscher so scharf ich kann.
Höre, was ich sonst nicht hören kann.

1. Spinnen, die sich Netze **weben**.	*Glockenspiel*
Eulen, die im Mondlicht **schweben**.	*Gläserrand zum Schwingen bringen*
Glockenblumen, die **erklingen**.	*Glockenkranz*
Fische, die ein Liedlein **singen**.	*blubbern*
2. Seifenblasen, die **zerplatzen**.	*ploppen*
Eins, zwei, drei, vier **Katzentatzen**.	*softe Metallofonklänge*
Magenknurren einer **Maus**,	*Guiro*
das Geschrei von einer **Laus**.	*Stimme*
3. Schmetterlinge, die toll **schmettern**.	*alle Instrumente*
Winde, die den Baum **entblättern**.	*Flexrohr*
Bienenglück beim **Schwänzeltanz**.	*auf einem Kamm blasen*
Einen Pups von Onkel **Franz**.	...

Gesprochen (jeweils von anderen Kindern):
- Den hab ich auch ohne Luchsohren gehört.
- Den hat jeder gehört.
- Und wer ihn wirklich nicht gehört hat, der kann ihn riechen!
- Pfui Deibel!
- Puh, ist das eklig ...
- Nein, nicht schon wieder!
- Onkel Franz ...!

19 SIGGI UND DIE ZAUBERNUSS (1/2)

* Flexrohr
* Klanghölzer
* Rührtrommel
* Klangfrosch
* Cowbells (Kuhglocken)
* Holzblocktrommel
* Triangel
* Glockenkranz, Glocke, Metallofon …

Siggi, das Eichhörnchen, sitzt hoch in der Baumkrone eines Nussbaumes und pflückt sich eine Walnuss. Siggi hält die Nuss mit den Greifzehen fest und will sie gerade mit seinen scharfen Zähnen knacken, als sie ihm entgleitet und in die Tiefe purzelt. Sie fällt und fällt und landet geradewegs auf dem Kopf von Heulsuse, der jüngsten Tochter von Herrn Herbstwind. Vor Schreck **heult sie los**.	*Flexrohr, Stimme*
Davon erwacht Herr Herbstwind. Er hatte im Nussbaum, am Geräteschuppen von Bauer Lukas, ein Schläfchen gehalten. Herr Herbstwind reckt und streckt sich, sodass der ganze Baum erzittert und viele Nüsse **auf das Dach des alten Geräteschuppens plumpsen und von dort ins Gras kullern**.	*Klanghölzer, Rührtrommel, Stimme, Flexrohr …*
Das hören die Kühe auf der Rosenwiese. Sie **muhen ein fröhliches Lied und lassen ihre Kuhglocken dazu erklingen**.	*Stimme, Cowbells …*
Das hören die Frösche am Dorfteich und quaken das **lauteste Froschkonzert, das das Dorf je gehört hat**.	*Stimme, Klangfrosch und/ oder geriffelten Schlägelgriff über die Kante einer Holzblocktrommel ziehen*
Das hört auch Winfried, der Dorfschmied, und **hämmert auf seinem Amboss im Takt dazu**.	*Triangel*
Das gefällt auch Pfarrer Augustin und begeistert **läutet er die Kirchenglocken**.	*Glockenkranz, Glocke, Metallofon …*
Siggi denkt sich: „Heute ist im Dorf ja **ganz schön was los**!"	*alle Instrumente*

SIGGI UND DIE ZAUBERNUSS (2/2)

Pfarrer Augustin **läutet ein letztes Mal die Glocken** – zur Erinnerung an das baldige Erntedankfest.	*Glocke, Glockenkranz, Metallofon …*
Auch in Winfrieds Schmiede verstummt nach und nach **der helle Ambossklang**.	*Triangel*
Die Frösche **quaken ein letztes Mal ihr lustiges Lied**.	*Stimme, Klangfrosch und/ oder geriffelten Schlägelgriff über die Kante einer Holzblocktrommel ziehen*
Die Kühe trotten, **leise muhend**, zum Bauernhof. Es ist Melkzeit und die **Kuhglocken verklingen** auf dem Weg zurück in den Stall.	*Stimme, Cowbells …*
Herr Herbstwind bläst für die Dorfkinder auch noch die letzten Nüsse vom Baum, die dann **auf das Dach des Geräteschuppens plumpsen** und von dort **ins Gras kullern**.	*Klanghölzer, Rührtrommel, Stimme, Flexrohr …*
Siggi fängt sich eine Nuss und … **sie schmeckt wunderbar**!	*alle Instrumente*

20

DAS WALDKONZERT (1/3)

Ein lautmalerisch-experimenteller Spaß

Lautmalerei, rhythmisch interpretieren:
(1) Zischlaut, (2) Knurren, (3) mit dem Finger in der Mundhöhle/Wange ein „Blobb" erzeugen, (4) kurzes Pfeifen

Weitere Geräusche können frei lautmalerisch erschlossen werden!

Des Nachts ein seltsam Klang erschallt
im finstren Sssssssss (1) – krrrrrrrrrr (2) – blobb (3) – ffffff (4) – wald.
Es wimmert, wummert, knirscht und knarrt,
es pfeift, grunzt, jodelt, blubbert, scharrt;
seht und hört – vielfältig bunt,
aus süßem Mund und schwarzem Schlund,
göttlich schönen Stimmensang
und mächtigen Orchesterklang.

Es träumte einst als Kaulquapp schon
ein Jung-Amphib von Perkussion.
Da trifft es sich, dass Spechts, samt Kind,
seit Montag in den Ferien sind.
So hämmert nun – mehr schlecht als recht –
der Kröterich als Aushilfsspecht.
Doch Kröte denkt nicht an die Schnäbel,
benutzt stattdessen Krötenschädel.
Er hämmert frisch und unverzagt,
bis ihn recht schnell das Kopfweh plagt.
Das arme Tier – es wundert sich.
„Musik macht klug, so hörte ich."
Wenn Klugheit schmerzt – die Kröt sich denkt,
dann spiel ich lieber – ... Dirigent.

DAS WALDKONZERT (2/3)

Die Nachtigall der Stimmbruch plagt,
drum tanzt sie lieber Menuett.
Sie keucht und ächzt – ganz unverzagt:
„Madam, Sie sind zu fett!“

So spricht die Tagtigall und lacht.
Es fehlet euch der Musenkuss.
Der Tanz der Königin der Nacht
gleicht dem des Hippopotamus.

Des Storches Harfe – neu bestückt
mit feinstem englisch Ziegenhaar.
Es rockt und hippt und rollt und hoppt
der „King of Piep“ – Herr Adebar.

Der Dachs, dem Nies-Bass zugetan,
übt fleißig für sein Publikum.
„Ha – ho – ha – tschi!
Oh, Pardon! Es folgt ein Prälaludium.“
Der Maulwurf mault im Jammertal.
Man hört ihn nur noch motzen:
„Herr Dachs, wenn ihr schon niesen müsst,
könnt ihr nicht rhythmisch rotzen?“

Zwei kleine Nasenbären
hatten ihre Nöte.
Fürs Geigen war der Arm zu kurz.
Jetzt spieln sie Nasenflöte.
Zwei Nasenflötenbären
näseln bärig Flöte.
Was tut man nicht für einen Reim –
damit er klingt nach Goethe.

Partituren und Libretto
rezitieren brav und stumm
der Souffleur und die Souffleuse,
Frau Sonnen- und Herr Regenwurm.

DAS WALDKONZERT (3/3)

Blattgeraschel – Buschgeplauder ... – pssst!
Schüchtern das Käuzchen im nächtlichen Chor.
Grasgeschwätz – Bachgemurmel ... – pssst!
Dacapo der Wölfe Kastratentenor.

Sieben Meter goldne Kehle
schlummern im Giraffenhals.
Leider werden wir's nie hören.
Denn sie steht auf Geigenschmalz.

Der Waldfloh floh nach Florida.
Er singt nicht gern im Dunkeln.
Familie Fuchsbandwurm genießt –
man sah sie gar schon schunkeln.

Des Nachts ein seltsam Klang erschallt
im finstren Sssssssss (1) – krrrrrrrrrr (2) – blobb (3) – ffffff
(4) – wald.
Es wimmert, wummert, knirscht und knarrt,
es pfeift, grunzt, jodelt, blubbert, scharrt;
seht und hört – vielfältig bunt,
aus süßem Mund und schwarzem Schlund,
göttlich schönen Stimmensang
und mächtigen Orchesterklang.